In Deinem Herzen lebe ich
weiter
Tagebuch eines Sternenkindes

Wenn du bei Nacht den Himmel anschaust

wird es dir sein als leuchten tausend Sterne,

weil ich auf einem von ihnen wohne,

weil ich auf einem von ihnen lache,

und wenn du dich getröstet hast,

wirst du froh sein, mich gekannt zu haben!!

(Antoine de Saint- Exupéry)

AF288399

Herstellung und Verlag:
Books on Demand GmbH, Norderstedt
ISBN 978-3-8391-2591-5

Der Anfang

Hallo liebes Tagebuch,

heute ist der 21.November und meine Mama war gerade beim Arzt. Der Arzt hat festgestellt, dass ich da bin und dass es mir soweit ganz gut geht. Tja, ich bin halt noch sehr, sehr klein, aber was man sehen kann geht es mir gut. Meine Mama hat sich riesig gefreut, als sie von mir erfahren hat. Ich mache es mir jetzt mal hier gemütlich, denn es sieht so aus, als würde ich hier eine längere Zeit verbringen. Ich hab ja alles, was ich brauche hier. Es ist warm, gemütlich, kuschelig, vielleicht ein bisschen dunkel, aber das macht nichts. Jetzt muss ich nur noch viel wachsen.

Es scheint Abend zu sein und meine Mama hat gerade einer Freundin erzählt, dass ich da bin. Sie hat viel gelacht und sie sagt, dass sie es kaum erwarten kann, bis ich da bin. Im Hintergrund war auch eine Stimme von einem Mann der aber nicht viel gesagt hat. Er meinte nur, dass Mama abwarten soll.

Ich lege mich jetzt zum schlafen, denn meine Mama scheint auch müde zu sein.
Es ist der 24.Dezember. Es scheint ein spezieller Tag zu sein, denn meine Mama steht schon den ganzen Tag in der Küche und kocht. Die Sachen, die sie probiert sind alle ganz lecker. Mama hat mir erzählt, dass ich zwar den Weihnachtsbaum nicht sehen kann, aber dass sie ein paar kleine Schühchen in den Baum gehängt hätte. Sie hat mir versprochen, dass ich den Weihnachtsbaum im nächsten Jahr sehen könnte. Ich soll im nächsten Jahr viele Geschenke bekommen und überall sollen bunte Lichter sein. Ich bin gespannt, wie ein Flitzebogen. Was ist nur ein Weihnachtsbaum?

Heute scheint wieder ein besonderer Tag zu sein, denn Mama war einkaufen und hat was von Feuerwerk erzählt. Sie hat gesagt, dass es laut werden wird und dass viele bunte Lichter in den Himmel geschossen werden.

Mama nennt den Tag Silvester. Sie sagt, dass es der letzte Tag des alten Jahres wäre und dass man in der Nacht mit Feuerwerk die bösen Geister des alten Jahres vertreibt. Klingt spannend.

Das Feuerwerk und das laute Gekrache macht mir ein wenig Angst, aber ich bin in Mamas Bauch sicher und ich liege schön warm. Mama hat viele Pullover angezogen und hat schützend ihre Hand auf dem Bauch. Ich bin zwar ein paar Mal erschrocken, aber ich weiß ja, dass mir hier nichts passieren kann.

Der Kalender steht auf dem 9. Januar und meine Mama ist wieder beim Arzt. Der Doktor sagt, dass ich gut gewachsen wäre und dass mein Herzchen kräftig schlagen würde. Mama hat mir erzählt, dass sie mich auf dem Ultraschall gesehen hätte und dass ich süß wäre.

Mama erzählt gerade allen Leuten, die sie kennt von mir. Alle Leute freuen sich auf mich und sind gespannt, wie ich aussehe. Ich kann mich hier in meiner Behausung austoben und Purzelbäume schlagen. Mama spricht viel mit mir und sie erzählt mir von ganz vielen Leuten, die alle auf mich warten.

Hey, nach dem Arzt war Mama mit mir in der Stadt und sie hat gesagt, dass sie mir ein Kuscheltier gekauft hat. Ich weiß zwar nicht, was ein Kuscheltier ist, aber ich freue mich trotzdem. Ich habe viele Geräusche gehört und frage mich, wie es da draußen aussieht.

Wir schreiben den 6. Februar und Mama ist wieder beim Doktor. Alles scheint in Ordnung zu sein. Der Doktor sagt, dass er sehr zufrieden mit mir ist und dass ich richtig viel gewachsen bin. Mama sagt, dass sie meine Arme, Beine und mein Herz auf dem Ultraschall gesehen hat. Sie sagt, ich wäre ja so süß und knuddelig.

Alle Leute sprechen meine Mama auf den dicken Bauch an und Mama erzählt immer voller Stolz von mir. Sie hat wohl auch ein Bild von mir und zeigt das allen Leuten. Wir waren heute auch wieder nach dem Arzt in der Stadt und Mama hat für mich einen Strampelanzug gekauft. Sie sagt, dass sie ihn einfach kaufen musste, weil er so süß ist und ich darin bestimmt ganz toll aussehe. Mama hofft, dass ich ein Mädchen bin, aber sie weiß es noch nicht.

Wir haben schon den 5. März und es wird langsam enger in meiner Behausung. Mama hat heute wieder einen Termin beim Gynäkologen. Im Wartezimmer sitzen noch andere Frauen, die auch alle ein Baby erwarten. Mama sagt, dass manche Frauen eine riesige Kugel haben. Meine Mama und die anderen Frauen unterhalten sich über Geburtstermine. Mama sagt, dass meiner am 6.7. sein soll.
Der Arzt spricht heute nicht viel mit meiner Mama. Er scheint irgendwie nachdenklich zu sein. Mama muss auch nochmal Blut abgenommen bekommen. Beim Ultraschall sagt der

Arzt meiner Mama, dass ich aller Wahrscheinlichkeit nach ein Mädchen zu sein scheine. Was denkt der Arzt sich eigentlich? Ich bin ein Mädchen! Der Arzt will Mama unbedingt in zwei Wochen wieder sehen. Mama soll sich keine Gedanken machen sagt er. Mama ist nachdenklich als wir die Praxis verlassen. Mama trifft sich heute noch mit einer Freundin. Die Freundin und meine Mama unterhalten sich darüber, was der Arzt gesagt hat und ich kann spüren, dass meine Mama Angst hat. Warum nur? Ich wachse, turne und mir geht es gut.

Der 19. März. Mama ist wegen mir heute beim Arzt bestellt. Er will mich nochmal anschauen und mit Mama was besprechen. Er sagt, dass ich gut gewachsen bin, aber dass da etwas ist, was ihm Sorgen bereitet. Er sagt, dass es nicht schlimm wäre, aber dass Mama ins Krankenhaus soll um genauere Untersuchungen zu machen. Der Doktor gibt meiner Mama einen Termin für den 26. März. An dem Tag soll Mama in die Klinik gehen um mich untersuchen zu lassen. Mama erzählt mir, dass sie Angst hat. Sie erzählt mir, dass ein Arzt mit einer langen Nadel in meine Behausung eindringen wird und etwas von dem Wasser, in dem ich liege entnehmen wird. Ich kann fühlen, dass Mama Angst hat, aber mir geht es doch gut. Mama, ich will nicht, dass Du Angst hast. Wenn meine Mama Angst hat, dann habe auch ich Angst. Irgendetwas stimmt nicht. Mama ist traurig und sie weint. Schade, dass ich Mama keine Antwort geben kann, denn sie hat so viele Fragen an mich und keine Antwort. Sie hat mir heute erzählt, dass mein Name Christina sein wird und dass sie hofft, dass alles ok ist.

Heute ist es so weit. Der 26.März. Mama macht sich fertig für die Klinik. Sie sagt, dass wir um 10 in der Klinik sein müssen. Als Mama ins Auto steigt spüre ich eine unbändige Angst. Mama weint und zittert. Die ganze Strecke über weint meine Mama. Ich zappele wild in meiner Behausung, weil mich

Mamas Angst nervös macht und
ansteckt. Ich spüre, dass Mama nicht
ins Krankenhaus will und um ehrlich zu
sein, ich will nicht, dass Mama solche
Angst hat. Mama geht langsamer als
sonst und ich fühle, dass sie bei jedem
schritt mehr Angst bekommt.
Jetzt ist es so weit. Ein Arzt hat meine
Mama eine Spritze gegeben und er hat
ihr gesagt, dass auch ich davon ruhiger
werde. Mama muss sich auf ein Bett
legen und viele Leute stehen um sie
rum. Ich höre viele Geräte und spüre,
dass ich müde werde. Als ich
einschlafe höre ich nur noch, wie ein
Arzt sagt, dass es schnell gehen muss,
weil ich gerade ruhig und günstig liege.
Ich schlafe zwar, aber dennoch spüre
ich, dass Mama Schmerzen hat und ihr
das alles nicht gefällt.
Überstanden. Mama erzählt mir, dass
die Ärzte mit einer großen Nadel in
meine Behausung eingedrungen sind
und von dem Wasser entnommen
haben, in dem ich schwimme. Mama
sagt, dass die Ärzte das Wasser
untersuchen müssten. Mama muss in

der Klinik bleiben, denn sie darf nicht aufstehen. Der Eingriff war nicht ganz ungefährlich für mich. Die ganze Nacht redet Mama mit mir und ich kann deutlich spüren, dass sie sich wirklich große Sorgen macht. Eine Schwester kommt immer wieder um nach Mama zu sehen und Mama hat eine Maschine auf den Bauch geschnallt, die überwachen soll, wie es mir geht. Die Schwester sagt meiner Mama, dass sie sich keine zu großen Sorgen machen soll und dass es eine reine Sicherheitsmaßnahme wäre.

Mama sagt, dass es langsam hell wird.

Die Diagnose

Endlich kommen die Ärzte um Mama abzuholen. Sie nehmen Mama mit in den Raum mit den Ultraschallgeräten. Die wollen mich sehen und anschauen. Ich kann hören, wie sie über mich reden und was sie sagen macht mir Angst. Sie reden von einer Krankheit, die ich habe und davon, dass die Krankheit nicht heilbar ist. Sie reden von einem Gendefekt. Ich hab's genau gehört. Einer der Ärzte sagt, dass man mit diesem Gendefekt leben kann, aber

dass es Einschränkungen gibt. Ich spüre, dass Mama ein wenig erleichtert ist. Die Ärzte reden viel und wollen mehr Tests. Einer der Ärzte hat auf dem Bildschirm was gesehen, weiß aber nicht, wie er es deuten soll. Sie reden von einer Zyste an meinem Hals. Mama weint schon wieder. Warum machen die das mit meiner Mama und mit mir? Nach mehr als zwei Stunden lassen sie meine Mama gehen und sagen ihr, dass sie heimgehen darf. Mama spricht nun noch mehr mit mir. Sie sagt, dass wir das schaffen und dass wir fest zusammenhalten müssen. Mama hat sich ein Buch besorgt und liest viel darin. Sie sagt, das Buch heißt Pschyrembel und in dem Buch würde alles über meine Krankheit stehen. Mama liest mir daraus vor.
Sie erklärt mir,dass die Krankheit nach dem amerikanischen Arzt Henry Turner und dem deutschen Kinderarzt Otto Ullrich benannt wurde . Es handelt sich dabei um eine Fehlverteilung oder strukturelle Veränderung der Geschlechtschromosomen, von der nur

Mädchen betroffen sind und es tritt mit einer Häufigkeit von etwa 1 zu 2500 Geburten auf.

Eines der beiden Geschlechtschromosomen (XX) fehlt durchgehend oder nur in einem Teil aller Körperzellen, oder aber das zweite X-Chromosom ist strukturell verändert. Die Faktoren, die diese Krankheit verursachen sind unbekannt. Auswirkungen können sehr verschieden sein. Die Hauptsymptome sind der Kleinwuchs und die Unfruchtbarkeit aufgrund einer zu geringen Entwicklung der Eierstöcke. Es ist eine Behandlung mit Wachstumshormonen und Östrogenen möglich. Dazu können weitere, inzwischen behandelbare Probleme kommen: Herzfehler, eine so genannte Halsfalte, Nierenprobleme, Lymphödeme. Die Mädchen und Frauen sind normal intelligent und können ein eigenständiges Leben führen. Psychische Probleme , wie ein geringes Selbstwertgefühl, Unsicherheit im Umgang mit dem eigenen Körper und ähnliches sind nicht selten.

Meine Mama und ich schaffen das, denn Mama will mich unbedingt haben und sie sagt, dass sie kämpfen wird.

Mama sagt, dass heute der 28. März ist. Sie fühlt sich nicht gut und sie hat zu wenig geschlafen. Es ist wirklich schade, dass ich nicht mit Mama reden kann und ihr Mut machen kann. Vielleicht schafft es ja ein Arzt. Mama sagt, dass sie jetzt öfter zum Arzt muss, weil ich noch mehr überwacht werden muss.

Der Arztbesuch heute war nicht erfreulich, denn die Zysten an meinem Hals sind größer geworden und der Arzt sprach von Ödemen. Die Ultraschalluntersuchung hat auch gezeigt, dass meine Nieren zu klein sind. Mama hat in der Praxis viel geweint und ist furchtbar traurig. Sie stellt mir so viele Fragen, die ich nicht beantworten kann. Beinahe stündlich bittet sie mich, dass ich kämpfen soll und gesund werden soll. Ich fühle mich aber doch gar nicht krank. Ich glaube, es geht mir gut. Ab und zu boxe ich meine Mama um ihr zu zeigen, dass es mir gut geht. Jedes Mal wenn ich meine Mama boxe streichelt sie mit der Hand über den Bauch und sagt mir, dass wir es schaffen. Ich kämpfe Mama! Morgen gehen wir wieder in die Klinik, denn die wollen dort auch wieder eine neue Untersuchung machen. Alles nur, weil diese Zysten an meinem Hals größer werden und weil die Nieren zu klein sind.

Heute ist der 29. März und Mama ist schon früh auf dem Weg in die Klinik. Mama sagt, dass wir dann nicht so lange warten müssen und bald wieder daheim sind.

Der Arzt in der Klinik will mich anschauen und auf dem Ultraschall meine Zysten begutachten. Während des Ultraschalls ist der Arzt sehr still heute. Er macht Messungen und druckt viele Bilder aus. Mama fragt, ob sie auch ein Bild haben kann, aber der

Arzt will ihr keins geben. Dieser Arzt ist ein komischer Kauz. Er ruft einen Professor an und bittet ihn zu kommen, weil er eine zweite Meinung haben möchte.

Der Professor und der Arzt beratschlagen sich und beschließen, ein paar Tropfen Fruchtwasser durch den Muttermund zu entnehmen. Mama hat schon wieder Angst und sie weint. Ich werde so langsam echt wütend auf die Ärzte, denn immer wenn die in der Nähe meiner Mama sind, dann weint sie und ist traurig. Warum machen die das mit meiner Mama?

Der Arzt erklärt ihr, dass Dabei unter Ultraschallkontrolle eine Probe des Zottengewebes entnommen wird , also Gewebezellen des Chorions aus dem sich der Mutterkuchen entwickelt hat. Das Zottengewebe ist dem Fötus genetisch identisch, was für die Suche nach Erkrankungen genutzt wird. Die Biopsie kann durch die Bauchdecke mittels einer Punktionsnadel oder durch den Muttermund mittels eines

Katheders erfolgen. Letzteres birgt allerdings ein höheres Komplikationsrisiko und wird daher kaum mehr durchgeführt.Weil aber nur wenige Tage zuvor eine Punktion durch die Bauchdecke gemacht worden war, ist in diesem Falle zu einer Kathederisierung zu raten.

Mama stimmt der Untersuchung zu, denn sie will ja nur mein Bestes.

Die Ärzte bringen uns in einen abgedunkelten Raum und Mama muss sich wieder auf ein Bett legen. Während der eine Arzt mit dem Ultraschallgerät nach mir schaut, versucht der andere Arzt einen Katheder in den Eingang meiner Behausung zu schieben. Es scheint, als hätte der Arzt sein Probleme damit, denn der Eingang ist zu. Ich mach nicht auf!

Auf einmal höre ich meine Mama schreien. Es ist ein Schmerzschrei. Der Arzt beruhigt meine Mama und sagt ihr, dass es gleich vorbei wäre, aber

Mama wimmert immer noch vor Schmerzen. Als der Arzt fertig ist krümmt sich Mama immer noch vor Schmerzen. Sie kann kaum aufstehen, aber ich mache ihr Mut und gebe ihr einen leichten Tritt um ihr zu zeigen, dass es mir gut geht.

Der Arzt rät Mama, dass sie sich heute hinlegen soll, wenn wir heim kommen.

Heute sind wir recht schnell wieder daheim und Mama legt sich auch sofort ins Bett. Sie erzählt mir, dass sie starke Schmerzen hat und dass sie auch ein wenig blutet. Ich weiß das selbst, denn ich kann ja sehen, dass der Arzt meinen Eingang mit Gewalt geöffnet hat und dass es dabei zu einer ganz kleinen Verletzung kam. Mama und ich versuchen uns gegenseitig zu beruhigen. Ich boxe ab und zu mal und Mama sagt mir, dass alles gut werden wird. Morgen müssen wir schon wieder zum Arzt, aber nur in die Praxis und nicht in dieses blöde Krankenhaus. Mama versucht zu schlafen, aber ich kann mich nicht beruhigen, weil mich der offene Spalt in der Tür stört.

30. März. Mama muss beim Arzt nicht mehr warten und kommt sofort dran. Sofort wird ein Ultraschall gemacht, damit der Arzt auch immer genau weiß, ob und wie viel meine Zysten gewachsen sind. Beim Ultraschall werden alle Daten in eine Tabelle eingetragen und es werden viele Bilder gemacht und in die Akte meiner Mama gelegt. Dann wird Mama noch Blut abgenommen und sie muss Urin abgeben. Der Arzt spricht kaum noch mit Mama. Er beantwortet kaum noch ihre Fragen und vertröstet sie jedes mal damit, dass man abwarten muss. Weil der Arzt Mama ihre Fragen nicht beantwortet stellt sie alle Fragen an mich. Ich kann die Fragen auch nicht beantworten, denn ich weiß nicht was los ist. Alles was ich weiß ist, dass mir die kleine Öffnung in meinem Eingang immer noch Angst macht und das Mama immer noch starke Schmerzen hat. Manchmal kann sie kaum gehen vor Schmerzen. Mama hat mir auch

erzählt, dass sie immer noch blutet. Das alles nimmt mich auch mit und verursacht Stress. Immer öfter bekomme ich Panikattacken. Ich schlafe fast überhaupt nicht mehr und ich bin viel in Bewegung. Ich habe das Gefühl, dass ich hier raus muss, aber ich will eigentlich nicht.

Wieder ein neuer Tag. 02. April. Mama muss heute erst am Nachmittag zum Arzt und so können wir ein paar Stunden in Ruhe gemeinsam verbringen. Mama erzählt mir eine ganze Menge Geschichten, was sie alles mit mir vorhat, wenn ich erst da bin. Wir wollen dann auf den Spielplatz gehen und Mama will mir viele Kinder zeigen, mit denen ich spielen kann. Mama will mir laufen und sprechen beibringen. Sie nennt mich ihre kleine Prinzessin. Mama sagt, dass wir eines Tages zusammen über eine große Wiese laufen und Blumen pflücken werden. Ich freue mich schon sehr darauf, obwohl ich nicht weiß, was Blumen sind.

Beim Arzt gibt es nichts neues. Ich wachse nach, wie vor und meine Ödeme scheinen zum Stillstand zu kommen. Der Arzt ist nur etwas beunruhigt, weil ich so unruhig bin. Der Arzt sagt, dass man an den Herztönen sehen könnte, dass ich unruhig bin. Mama erzählt ihm, dass wir die ganze Nacht nicht geschlafen haben. Der Arzt rät meiner Mama zu viel Ruhe und dazu, dass sie sich nicht so sehr aufregt.

Mama redet viel mit mir und sie erzählt mir fast alles, was um sie herum passiert. Ich finde es schön, wenn Mama badet, denn dann liegt sie in warmem Wasser und entspannt sich und das Plätschern des Wassers wirkt auch auf mich beruhigend.

Es ist der 3. April und Mama ist schon wieder auf dem Weg zum Arzt. Als Mama aus dem Bus steigt muss sie ein paar Mal stehen bleiben, weil sie starke Schmerzen hat.

Der Arzt scheint heute besorgter zu

sein. Ich kann an seiner Stimme spüren, dass etwas nicht stimmt. Er sagt, dass sich der Muttermund weiter geöffnet hat und dass das kein gutes Zeichen ist. Er sagt, dass Mama viel liegen muss und sich viel schonen muss. Mama weint schon wieder und ich mag es nicht, dass sie weint. Ich wünschte, dass sie wieder lachen kann und dass alles in Ordnung wäre. Mamas Angst macht mich fertig und ich will nur noch, dass es ihr besser geht. Ich finde keine Ruhe, weil ich nicht weiß, wie ich meiner Mama helfen soll. Ich würde ihr so gerne helfen, aber wie kann ich das. Inzwischen verursachen sogar meine Tritte schon Panik bei meiner Mama. Jedes Mal wenn ich mich bewege hat Mama Angst, es wäre etwas nicht in Ordnung mit mir. Was kann ich jetzt noch tun?

Heute ist der 4. April und Mama verschiebt ihren Termin beim Arzt auf den Nachmittag, weil sie zu große Schmerzen hat. Ich bin zu müde um

Mama einen Tritt zu versetzen, aber ich glaube, Mama kann jetzt auch keine Tritte gebrauchen. Sie hat große Schmerzen und außerdem ist die Tür zu meiner Behausung ein ziemliches Stück offen und das macht auch mir Angst. Irgendetwas sagt mir, dass meine Tage hier gezählt sind und ich habe ein ungutes Gefühl beim Gedanken, dass ich meine warme Behausung verlassen soll. Mama sagt mir, dass ich keine Angst zu haben brauche, weil Kinder in meinem Stadium der Schwangerschaft bereits gute Chancen haben. Sie spricht von einem Brutkasten und wie gut die Klinik auf Frühgeborene eingerichtet wäre.

Beim Arzt bestätigt sich mein Verdacht. Der Arzt sagt, dass er nicht weiß, wie lange ich noch in Mamas Bauch bleiben werde. Er sorgt sich sehr, denn der Muttermund ist schon 2 cm offen und das ist kein gutes Zeichen. Er sagt, dass Mama in die Klinik muss, wenn die Öffnung noch weiter fortschreitet.

Mama bespricht mit ihm, wie die Versorgung eines Frühgeborenen aussieht und wie meine Chancen stehen. Mamas Arzt kann das nicht genau sagen, weil ich ja an dieser Krankheit leide und man mit dieser Erkrankung kaum Erfahrungen hat, weil sie so selten ist. Der Arzt meint, dass Mama sich mal keine Sorgen machen soll und dass man im Falle einer verfrühten Geburt alles tun würde um mich durchzubringen. Ich habe zwar keine Ahnung, was damit gemeint ist, aber ich bin auch zu müde und schlapp um mir darüber mein kleines Köpfchen zu zerbrechen. Ich würde eigentlich gerne schlafen, aber ich kann nicht.

Ich muss wohl doch eingeschlafen sein, denn ich habe nicht mitbekommen, wie Mama in den Bus gestiegen ist und auch nicht, wie die Busfahrt war. Es scheint Abend zu sein, denn ich spüre, dass Mama in einem Bad liegt. Sie scheint sich zu entspannen und jetzt bemerke ich auch, dass sie mit mir spricht. Ich gebe ihr ein paar Tritte, aber mehr als zwei schaffe ich nicht, denn ich bin immer noch sehr müde.

Die Geburt

Keine Ahnung welches Datum wir heute haben, aber ich glaube, es ist der 5. April. Mama ist wohl schon früh zum Arzt gegangen, denn ich bin gerade erst wach geworden und wir sind schon in der Praxis. Ich hab keine Ahnung, was der Arzt gesagt hat, denn ich bin ja gerade erst wach geworden und Mama verabschiedet sich schon vom Doktor. Ich bin immernoch sehr, sehr müde und ich schlafe auch recht schnell wieder ein.

Oh mein Gott, was ist jetzt los? Meine Behausung zieht sich zusammen und

Mama krümmt sich vor Schmerzen. Ich habe panische Angst. Was passiert hier? Mama, sag mir, was passiert. Es scheint Nacht zu sein. Mama hat große Angst und ich kann ihre Angst spüren und sogar verstehen, denn auch ich habe riesige Angst, die mit jeder Bewegung meiner Behausung größer wird. Ich habe das Gefühl, als würde ich weggedrückt. Mama hilf mir, was passiert hier? Mama scheint aufzustehen, aber es fällt ihr schwer, weil die Schmerzen sie zu überwältigen scheinen. Immer und immer wieder versucht Mama sich im Bett hinzusetzen, aber immer wieder muss sie aufgeben, weil die Schmerzen zu groß sind. Mama, ich habe Angst! Endlich hat Mama es geschafft, sich auf den Bettrand zu setzen, aber jetzt wird der Druck auf mich noch größer. Mama stellt sich hin und versucht mich zu beruhigen. Sie sagt mir, dass wir sofort ins Krankenhaus fahren.

Oh mein Gott, die Enge hier wird unerträglich und ich werde richtig in

Richtung des Ausgangs gedrückt.
Mama hilf mir, ich will das nicht.

Mama ist im Krankenhaus und sie
muss sich sofort auf einen Tisch legen.
Ganz viele Leute stehen um sie herum
und alle reden wildes Zeug. Ich kann
die Stimmen hören und sie machen mir
große Angst.Mama, was passiert hier?
Mama hilf mir.

Mama hat große Schmerzen und einer
der Ärzte gibt ihr eine Spritze. Ich fühle
wie Mama ruhiger wird, aber dieser
Druck auf meine Behausung lässt nicht
nah. Hilfe, ich stecke hier fest und
kann mich nicht mehr drehen. Ich
höre, wie der Ärzte sagen, dass die
Zysten an meinem Hals zu groß sind
und dass ich so nicht geboren werden
kann. Einer der Ärzte schlägt einen
Kaiserschnitt vor, aber ein anderer Arzt
sagt, dass es dafür zu spät wäre, weil
ich schon im Geburtskanal stecke. Ein
Arzt schlägt vor, die Zysten zu
punktieren. Sie geben Mama weitere
Medikamente und eine Hand bahnt
sich den Weg zu mir. Hilfe, was hält die

Hand da? Es ist eine große Nadel und die Hand fühlt meinen Hals und die Zyste ab. Ich habe Angst, ich will das nicht. Jetzt tastet die Hand genau an der Zyste links und sticht die Nadel tief in meine Haut. Ich weine und versuche zu schreien, aber es nützt mir nichts, denn die Nadel bohrt sich tiefer und tiefer in mein Fleisch. Ich spüre ein Brennen und einen Sog. Mama, was tun die mit mir, es tut weh. Die Hand entfernt die Nadel aus meinem Fleisch und ich höre wie der Arzt erschrocken davon spricht, dass er nicht genau weiß, ob alles glatt gelaufen ist. Ein anderer Arzt spricht besorgt über Stresszustand und meine Herztöne. Oh mein Gott, da kommt die Hand schonwieder und wieder tastet sie an meinem Hals entlang. Diesmal auf der anderen Seite und wieder spüre ich den Einstich, der tief und tiefer in mein Fleisch geht. Wieder dieser Sog und das Brennen. Nach einer Weile entfernt sich die Hand samt Nadel wieder und nun drücken Ärzte meiner Mama auf den Bauch. Ich werde gedrückt und gepresst. Ich fühle, wie ich immer weiter in diesen engen Gang gepresst werde und ich kann ein Licht sehen. Ich spüre einen kalten Luftzug und ich sehe helles Licht. Mein Kopf ist jetzt ganz im Licht und mir wird ein Schlauch in den Rachen geschoben. Einer der Ärzte gibt die Anweisung, abzusaugen und im Schlauch entsteht ein Unterdruck, der mir einen ganz trockenen Hals macht. Eine Frau hat meinen Kopf mit ihren Händen umschlossen und zieht an mir. Ich bin da. Mama, kannst Du mich sehen? Ich bin da und ich lebe. Einer der Ärzte gibt die Anweisung, die Nabelschnur zu durchschneiden und eine Frau klemmt zwei Klammern an das dicke Ding in meinem Nabel. Was soll das. Ich reiße meinen Mund zum Schrei auf, aber es kommt kein Ton. Einer der Ärzte sagt, dass meine Lungen nicht entwickelt sind. Mama, hilf mir, ich bekomme keine Luft und ich habe Angst. Mama hebt den Kopf um nach mir zu sehen, aber ein Arzt gibt die Anweisung, dass man Mama mehr Medikamente geben soll. Mama sackt wieder auf das Bett zurück. Ich kann immer noch nicht atmen, mir ist so kalt und ich habe Angst. Mamas Stimme dringt an mein Ohr. Sie bittet die Ärzte mir zu helfen, aber alle stehen nur um mich herum und schauen mich an. Helft mir doch. Ich bekomme keine Luft und mir ist kalt, so unsagbar kalt. Eine der Hebammen sagt mit leiser Stimme, dass ich es nicht schaffen werde und dass ich in wenigen Sekunden tot sein werde. Was meint sie? Mir wird kälter und meine Versuche nach Luft zu ringen werden schwächer und schwächer. Das Licht im Raum wird schwächer und meine Augen ruhen auf meiner Mama, die auf dem Tisch liegt und aus deren Augen Tränen laufen. Mama, ich hab Dich lieb und ich bin immer bei Dir. Mein kleines Herz wird langsamer und ich schließe meine Augen. Als mein Herzschlag für immer aussetzt wird mein kleiner Körper in einen anderen Raum gebracht. Irgendetwas von mir bleibt bei Mama und ich kann sehen, wie meine Mama versorgt wird und wie sie unendlich traurig ist und weint. Sie fragt die Ärzte, ob sie mich nur einmal in den Arm nehmen dürfte, aber es wird ihr verwehrt. Ich wäre kein schöner Anblick sagen sie, aber Mama will mich unbedingt sehen. Mama fragt, ob sie nicht wenigstens ein Bild von mir haben kann, aber auch das wird ihr verweigert. Warum darf Mama meinen kleinen Körper denn nicht einmal anfassen? Warum darf Mama meinen Körper nicht ansehen?Warum sind diese Ärzte und Schwestern so grausam zu meiner Mama? Mama, ich bin bei Dir. Mama, auch wenn Du mich nicht ansehen und in den Arm nehmen kannst, ich bin bei Dir und ich wohne in Deinem Herzen. Niemand auf dieser Welt kann mich aus aus Deinem Herz vertreiben.

by Victoria Karl

Die Zeit nach meiner Geburt

Als Mama medizinisch versorgt ist wird sie auf ein Stationszimmer gebracht und ihr werden Flaschen mit Medikamenten angehängt. Fast den ganzen Tag und den halben nächsten Tag schläft Mama ununterbrochen.Immer wenn sie zwischendurch wach wird weint sie. Ich kann spüren, wie traurig meine Mama ist.

Tage vergehen und Mama wird aus der Klinik entlassen. Traurig und niedergeschlagen wirkt sie. Noch hat Mama das alles nicht realisiert, aber sie spürt, dass ich in ihrem Herzen weiterlebe. Immer und immer wieder nimmt Mama Kontakt zu mir auf und immer und immer wieder stellt sie sich die selbe Frage. WARUM?

In Mamas Umgebung scheint es, als hätte es mich nie gegeben, denn niemand fragt nach mir und niemand erwähnt mich. Sobald das Thema auf Babys zu sprechen kommt wechseln alle das Thema. Ich spüre, dass Mama gerne von mir erzählen würde und dass Mama gerne über mich reden würde, aber alle Menschen um sie herum meiden das Thema und versuchen von mir abzulenken. Diese Haltung der Mitmenschen macht meine Mama und mich traurig. Wenn Mama ganz alleine ist, dann redet sie mit mir und sie entschuldigt sich für all die Menschen, die mich scheinbar vergessen haben, oder vergessen wollen.

Es ist der 11. April und heute ist Ostern. Mama ist heute sehr traurig und sie spricht fast den ganzen Tag mit mir. Sie erzählt mir von bunten Eiern und kleinen Schokohasen. Mama sagt, dass es heute besonders weht tut, weil sie viele, viele Ostern mit mir feiern wollte und mit mir Eier suchen wollte. Ich weiß, dass Mama und ich viele schöne Sachen gemacht hätten, wenn alles anders gekommen wäre.

Leider wollte es das Schicksal anders und so wird auch die Zukunft anders laufen, als Mama sich das ausgemalt hatte.

Tage und Wochen gehen dahin und Mama ist nach außen hin wieder fast der Mensch, der sie war, bevor ich da war, aber in ihrem Inneren sieht es anders aus. Sie ist traurig und überspielt ihre Trauer mit aufgesetzter Fröhlichkeit. Freunde, Bekannte und die Familie sehen meine Mama mit einem lachenden Gesicht, aber ich lebe in ihrem Herzen und ich sehe, dass meine Mama immer weint und traurig ist.

Mama hat einen Brief von der Klinik bekommen und man teilt ihr mit, dass die Ergebnisse der Untersuchungen vorliegen. Mama muss in die Klinik fahren und mit einem der Ärzte sprechen.

Die Untersuchungen an der Uniklinik Mainz haben ergeben, dass ich am Ullrich-Turner Syndrom gelitten habe. Meine Nieren waren nicht voll ausgebildet und meine Lungen waren ebenfalls nicht zur Reifung gekommen. Die Zysten an meinem Hals waren durch die Krankheit bedingt und waren laut dem Bericht der Uniklinik zum Zwecke der Geburt eröffnet worden. Alles in allem hätte ich leben können, aber ich wäre mein Leben lang behindert gewesen. Als Abschluss sagt der Arzt, dass Mama eigentlich froh sein sollte, weil ihr ein harter Weg erspart geblieben wäre. Mama weint und ich kann fühlen, dass die sehr wütend ist. Sie schreit den Arzt an, dass sie lieber ein behindertes Kind gehabt hätte, als mich zu verlieren. Der Arzt lächelt und sagt, dass meine Mama noch zu jung wäre um das objektiv beurteilen zu können. Mama schweigt, weil sie weiß, dass der Arzt unrecht hat.

Als das Gespräch beendet ist fragt meine Mama nach, wann sie meinen Körper bekommt, um mich begraben zu können, damit ich wenigstens ein Grab habe, an dem Mama trauern kann.

Der Arzt lächelt meine Mama an und erklärt ihr, dass sie keinen Anspruch auf meinen Körper habe, weil ich nur 500 Gramm gewogen hätte und mein Körper in diesem Fall als Klinikmüll entsorgt werden würde. Mama ist fassungslos und bricht weinend zusammen. Sie will mich unbedingt beerdigen und sie will, dass ich ein Grab bekomme, aber alles weinen nützt nichts, denn der Arzt macht sich nichtmal die Mühe, einen Versuch zu unternehmen, um meinen Körper an meine Mama übergeben zu lassen. Er sagt, dass Mama an die Kosten denken soll und an das Geld, was sie so sparen könnte. Eine Beerdigung wäre mit Kosten verbunden und außerdem wäre ich ja vor dem Gesetz kein Mensch gewesen, weil ich nur 500 Gramm gewogen hätte und weniger als 10 Minuten gelebt hätte.

Weinend verlässt Mama die Klinik. Die Sonne scheint und es blühen überall Blumen, aber für meine Mama ist es dunkel, grau und es gibt keine Farben. Die singenden Vögle klingen für meine Mama wie eine Horde spottender Bösewichter und die wärmenden Strahlen der Sonne hinterlassen unangenehme Brandblasen auf Mamas Seele. Die im Wind wippenden Blütenköpfe der Blumen sind für meine Mama süffisant grinsende Monster. Tiefe und schwarze Traurigkeit sitzt tief in jeder Zelle ihres Körpers und selbst in Mamas Herz, wo ich wohne, herrscht Schwärze und Traurigkeit.

Es vergehen viele Wochen, bis meine Mama wieder einigermaßen den Weg in die Normalität gefunden hat. Eigentlich ist nichts, wie es einmal war, denn Mama funktioniert nur. Es scheint, als sein mit dem Abschlussgespräch beim Arzt ein Stück von ihr gestorben. Es gibt Tage, da scheint es meiner Mama richtig gut zu gehen, aber dann folgen wieder Wochen, in denen sie nur alleine sein will. In ihrem tiefsten Inneren leben Wut, Hass und Verachtung für die Ärzte und für alle, die mich vergessen haben, oder mich verleugnen. Mama fühlt sich von vielen ihrer Freunde und von der Familie betrogen, weil man mich systematisch totschweigt. Alle um sie herum scheinen mich vergessen zu haben, aber für meine Mama bin ich präsent. Manchmal bin ich für sie zu präsent, denn sie spricht mehr mit mir, als mit den Menschen, die um sie herum leben. Ich bin Mamas engste Vertraute und nur mir erzählt sie alles. Kein anderer weiß so viel von meiner Mama wie ich, denn nur mit mir spricht sie über alles was sie bedrückt. Sie teilt alle Probleme und Ängste nur mit mir und manchmal scheint es mir, als wäre Mama auch gestorben und nur ihr Körper lebt weiter. Warum sehen die Menschen um sie herum nicht, wie sie sich fühlt?

Es geht wieder auf Weihnachten zu und Mama ist immernoch gefangen in ihrem schwarzen Tunnel. Sie arbeitet seit einigen Monaten wieder, aber auch wenn ihr Gesicht lacht, ihre Seele und ihr Herz weinen bittere Tränen. Je näher Weihnachten rückt, umso trauriger wird Mama. Fast täglich entschuldigt sich Mama bei mir, dass sie mir die bunten Weihnachtslichter und die vielen bunt geschmückten Bäume nicht zeigen kann. Wenn Mama an den Spielwaren in einem Kaufhaus vorbei läuft, dann wird sie noch trauriger und manchmal nimmt sie ein Stofftier in die Hand und drückt es ganz fest an ihr Herz. Mama, bitte sei nicht so traurig, denn ich bin in Deinem Herzen!

Der heilige Abend verläuft wie eigentlich jeder Tag seit meiner Geburt. Mama funktioniert und hält den Schein aufrecht, dass alles in Ordnung ist. Alle Menschen um sie herum sehen das lachende Gesicht und keiner sieht ihr bitter weinendes Herz. In ihrem tiefsten inneren hatte sich Mama gewünscht, dass auch nur ein Mensch um sie herum an mich denkt, aber keiner denkt an mich, außer meiner Mama. Sie spricht mit mir und in Gedanken streichelt sie über meinen Kopf. Und wieder kommen die Fragen nach dem Warum.

Mama versucht immer mal wieder mit Menschen in ihrer Umgebung über mich zu sprechen, aber immer wieder hört sie die gleichen Sätze.

" Ihr seid noch jung und könnt andere Kinder haben."

"Wer weiß, wozu es gut gewesen ist."

"Sei froh, das es so früh passiert ist."

"Glücklicherweise hast Du es ja kaum gekannt."

"Du musst versuchen, es zu vergessen.

"Zum Glück kannst Du ja noch andere Kinder bekommen."

"Ich weiß, wie Du Dich fühlst."

Jeder dieser Sätze brannte sich in Mamas Herz ein und hinterließ eine tiefe, schmerzende Wunde.

Im Laufe der Zeit versuchte Mama immer seltener mit anderen Menschen über mich zu reden, denn sie wusste schon bevor sie einen Satz sagte, dass sie wieder einen der alt bekannten Sätze zu hören bekommen würde.

Als ich noch bei Mama im Bauch war hatte sie mir von Silvester erzählt und davon, dass man mit Feuerwerken die bösen Geister des alten Jahres vertreibt. Jetzt ist wieder Silvester gewesen, aber die bösen Geister aus dem alten Jahr sind immer noch da. Ich hoffe, dass Mama diese im neuen Jahr endlich los wird.

Nach wie vor spricht Mama jeden Tag mit mir und sie erzählt mir alles, was um sie herum passiert. Ich hoffe für meine Mama, dass sie bald schwanger wird, damit sie sich wieder ein klein Wenig freuen kann.

Der Beginn der Zukunft

Es ist bereits Februar und ich kann hier von Mamas Herz aus sehen, dass in ihrem Bauch ein kleines Wesen heranwächst. Mama weiß noch nichts davon, aber ich bewache mit Argusaugen meine kleine Schwester in Mamas Bauch. Immer wenn Mama wieder traurig ist, weiß ich, dass Mama bald eine Überraschung bekommt.

Endlich, Mama hat einen Termin beim Arzt und dort bekommt sie die Nachricht, dass sie schwanger ist. Als Geburtstermin wird Mama der 25. November prophezeit. Eigentlich hatte ich erwartet, dass Mama sich freuen würde, aber das ist nicht der Fall. Ich kann spüren, dass sie unbändige Angst hat und sich mit aller Gewalt gegen die aufsteigende Freude wehrt. Sie will sich nicht freuen und sie erzählt mir, dass sie Angst hat, all das nochmal durchstehen zu müssen. Sie hat Angst, wieder ein Kind zu verlieren. Angst, wieder am Ende alleine damit klar kommen zu müssen, dass ihr Kind gestorben ist. Sie fürchtet, wieder kein Anrecht auf ein Kind zu haben.

„Mama!!!! Ich wache über meine Schwester!"

Die Monate der Schwangerschaft gehen ins Land und alles ist bestens. Mama weiß jetzt, dass das Baby in ihrem Bauch ein Mädchen ist und auch, dass sie gesund ist.

Leider kann Mama sich die ganze Zeit über nicht freuen, denn die Angst und Trauer überwiegen.

Als meine Schwester am 1. Dezember geboren wird und kerngesund ist, da fällt Mama zwar ein Stein vom Herzen, aber dennoch ist alles nicht so, wie es sein sollte. Mama kann mich nicht vergessen und mit jedem Tag, den meine Schwester älter wird denkt Mama auch an mich. Sie fragt sich fast täglich, wie ich ausgesehen hätte und wie weit ich heute wäre.

Über die nächsten Jahre kann mich Mama nicht vergessen und sie spricht noch immer mit mir. Inzwischen habe ich 2 Brüder und noch 2 weitere Schwestern bekommen und alle meine Geschwister sind gesund und Munter, aber dennoch bleibt in Mamas Herz eine dunkle Stelle mit vielen Wunden und Narben. Mama kann und will mich nicht vergessen. Noch immer redet Mama fast täglich mit mir und noch immer bin ich ihre engste Vertraute. Auch heute, nach über 24 Jahren gibt

es Dinge, die nur Mama und ich wissen und die Mama nur mir erzählt.
Immernoch fragt sich Mama, was aus mir geworden wäre und wie ich heute aussehen würde, wenn ich all die Qualen und Strapazen überlebt hätte.

Mama hat dieses Buch, mir gewidmet und versucht jetzt endlich über meinen Tod hinweg zu kommen.

Ich wünsche mir, dass sie es schafft. Ich hoffe, dass die nächsten Jahre, die wir gemeinsam haben, mehr Freude erleben und dass Mama diese Freude endlich zulässt.

Mama, Du hast genug getrauert.

Mein Brief an Mama

Liebe Mama,

es sind jetzt 9349 Tage und Nächte vergangen, seit ich geboren wurde und sterben musste. All diese Tage hast Du damit verbracht, Dich immer wieder zu fragen, warum es passieren musste. Du hast mit dem Schicksal gehadert, dich gesorgt, geweint und getrauert.

Du hast gesunde Kinder geboren und bist stolz auf Deine lebenden Kinder.

All die Jahre hast Du immer mit mir gesprochen und hast Dich mir anvertraut, weil Du all Dein Vertrauen in die lebenden Menschen am Tag meines Todes verloren hast.

Ich habe all die Jahre, Monate, Wochen Tage und Stunden über versucht, Dir eine Stütze zu sein und Dir zugehört. Ich habe nie ein Geheimnis ausgeplaudert und trage alle Geheimnisse, die Du mir anvertraut hast in mir. Ich konnte Dir zwar keine Antworten geben, aber ich konnte da sein und in Deinem Herzen den Lebensmut aufrecht halten. Immer dann, wenn Du keine Kraft mehr hattest um weiter zu machen, habe ich in Deinem Herzen einen Purzelbaum geschlagen und Deinen Lebensmut wieder in Gang gekickt.

Mama, Du hast an jedem meiner Geburtstage an mich gedacht und jedes Jahr haben wir in Deinem Herzen die schönsten Parties für mich gefeiert. Eine Milliarde Luftballons haben wir gemeinsam aufsteigen lassen in all den Jahren, ohne dass auch nur ein Lebender diese Ballons gesehen hat. Du warst mir immer eine gute Mama und Du wirst es immer bleiben, bis zu dem Tag, an dem wir beide die Ewigkeit nachholen.

Niemals konntest Du meine Stimme hören, oder in meine blauen Augen blicken. Du konntest niemals meine Tränen trocknen, oder mich trösten, denn mein Körper wurde weggenommen und entsorgt, weil ich nur 500 Gramm wog und weil ich nach der Gesetzeslage, wie sie damals war, kein Mensch war.

Mama, ich lebe in Deinem Herzen weiter und ich möchte Dir sagen, dass all die Liebe, die Du mir in Deinem Herzen gegeben hast, mir ein wundervolles Leben in Deinem Herzen beschert haben.

Ich habe als lebendes Baby in Deinem

Bauch die Wärme und Geborgenheit gespürt und genossen. Mein kurzes Leben als Baby in Deinem Bauch war erfüllt von Freunde und Liebe. Du hast mir Hoffnung gegeben und mich neugierig auf die Welt gemacht. Ich habe in den Monaten in Deinem Bauch alle Liebe gespürt, die diese Welt zu bieten hat.

Mein Körper war nicht gemacht für diese Welt und darum konnte ich nicht als Baby auf diese Welt kommen und leben. Bitte, mach Dir keine Vorwürfe, denn es hatte nichts mit dir zu tun. Das Schicksal hatte etwas anderes für mich vorgesehen.

Ich war vorbestimmt, der Schutzengel meiner Geschwister zu sein. Ich habe ihre kleinen Körper in Deinem Bauch beschützt und bewacht. Ich habe sie unterhalten, so lange sie in Deinem Bauch waren und ich habe ihnen viel von Dir erzählt. Vielleicht erinnern sie sich nicht mehr daran, aber es ist wahr.

Ich hatte viel Spaß mit meinen

Geschwistern, auch wenn sie mich als Mensch nie kennen lernen durften. Sie kennen mich als ihren Schutzengel und ich war und bin immer für sie da. Ich wache über ihnen, dass ihnen nichts böses geschieht. Ich liebe alle meine Geschwister und ich liebe Dich.

Danke Mama, dass ich 28 Wochen in Deinem Bauch als Baby leben durfte und danke, dass ich den Rest der Ewigkeit in Deinem Herzen sein darf.

Es grüßt Dich aus ganzem Herzen

Dein Sternenkind Christina

Mamas Brief an mich

Liebe Christina,

es sind mehr als 25 Jahre vergangen, seit dem Tag, an dem Du geboren wurdest und gestorben bist.

Ich habe Dich nie vergessen und werde Dich auch nie vergessen.

Ich danke Dir von ganzem Herzen, dass Du mir immer zugehört hast und in den schwersten Zeiten immer für mich da warst.

Dank, dass Du die Rolle des Schutzengels für Deine Geschwister übernommen hast und sie all die Jahre so gut beschützt hast.

Ich weiß, dass Du als Schutzengel mit Deinen Geschwistern nicht immer einen leichten Job hattest. Es gab Zeiten, da musstest Du mit verdammt schnellen Flügeln unterwegs sein, weil Deine Geschwister Dich gleichzeitig an vier verschiedenen Orten brauchten. Du hast einen guten Job gemacht.

Ich weiß auch, dass Du mir mit Deinen wilden Purzelbäumen in meinem

Herzen immer wieder neuen Lebensmut geben wolltest. Du hast auch hier einen guten Job gemacht. Immer, wenn ich dachte, es geht nicht weiter, da hast Du Dich in Erinnerung gebracht und mir leise zugeflüstert, dass es einen Weg gibt.

Ich weiß auch, dass Du bei allen Geburten Deiner Geschwister dabei warst und immer dafür gesorgt hast, dass alles schnell und glatt verläuft.

Ich kann auch heute, nach all den Jahren nicht begreifen, warum Du nicht leben durftest, aber ich habe begriffen, dass Du zu einer anderen Aufgabe bestimmt warst.

Du bist der beste Schutzengel, der in diesem Universum seinen Dienst tut.

Ich habe zwar kein Grab, in dem ich Deinen Körper habe beerdigen können, aber ich habe Dich immer in meinem Herzen und das kann mir keiner nehmen. Immer wenn ich einen Regenbogen sehe, dann weiß ich, dass Du ihn für mich in den Himmel gemalt hast um mir zu zeigen, dass Du da bist. Die 30 Wochen, die wir gemeinsam hatten kann uns keiner nehmen und es kommt der Tag, da werden wir die Ewigkeit nachholen. Wart auf mich und halt eine dicke Wolke über dem Meer in

Schottland für uns beide frei, damit wir eines Tages gemeinsam die Delfine und Seehunde beobachten können. Ich liebe Dich bis in alle Ewigkeit.

Deine Dich liebende Mama

Informationen

Die rechtliche Situation von totgeborenen Kinder und betroffenen Eltern in Deutschland

Definitionen nach dem Personenstandsgesetz und der Ausführungsverordnung zum Personenstandsgesetz

In der Bundesrepublik Deutschland wird das Personenstandswesen durch das Personenstandsgesetz (PStG) und die dazugehörige Ausführungsverordnung (PStV) geregelt. Das PStG legt einen Bestattungszwang fest, der durch die Ländergesetze und –Verordnungen näher beschrieben wird. Dem Bestattungszwang unterliegen alle menschlichen Leichen und Totgeburten. § 29 PStV konkretisiert die Definition von ‚Totgeburt' in Abgrenzung zur Lebend- und Fehlgeburt:

„(1) Eine **Lebendgeburt**, für die die allgemeinen Bestimmungen über die Anzeige und die Eintragung von Geburten gelten, liegt vor, wenn bei einem Kinde nach der Scheidung vom Mutterleib entweder das Herz geschlagen oder die Nabelschnur pulsiert oder die natürliche Lungenatmung eingesetzt hat.

(2) Hat sich keines der in Absatz 1 genannten Merkmale des Lebens gezeigt, beträgt das Gewicht der Leibesfrucht jedoch mindestens 500 Gramm, so gilt sie im Sinne des § 24

[Personenstands-] Gesetztes als **ein totgeborenes oder in der Geburt verstorbenes Kind**.

(3) Hat sich keines der in Absatz 1 genannten Merkmale des Lebens gezeigt und beträgt das Gewicht der Leibesfrucht weniger als 500 Gramm, so ist die Frucht eine **Fehlgeburt**. Sie wird in den Personenstandsbüchern nicht beurkundet." (Internet 3)

Vor dem 1. April 1994 gestaltete sich die rechtliche Situation in Deutschland für totgeborene Kinder noch anders: Das Personenstandsgesetz sah vor, dass Kinder unter 1000 Gramm Körpergewicht als Fehlgeburt zählten und demnach nicht bestattungspflichtig waren.

Auf Empfehlung der Weltgesundheitsorganisation (WHO) und durch Forderungen bundesweiter Selbsthilfegruppen erfolgte im Personenstandsrecht eine Herabsetzung der Gewichtsgrenze von 1000 auf 500 Gramm. (vgl. Müller-Hannemann 2002, 140)

Allerdings ist mit der bundesweiten personenstandsrechtlichen Begriffsänderung nicht automatisch eine Neuregelung der Bestattungspflicht (durch die Bundesländer) verbunden. (vgl. Schmitz/Bornhofen 2002, 16) So kommt es zu der missverständlichen

Situation, dass in manchen Ländergesetzen über das Bestattungswesen noch von der 1000-Gramm-Grenze gesprochen wird. Vereinzelt wird auch nicht auf das Gewicht des Babys abgestellt, sondern auf die Körpergröße. In der Regel muss demnach ein Kind, das tot zur Welt kommt, mindestens 35 cm groß sein, um bestattungspflichtig zu sein.

Die bestehenden Gesetze sehen vor, dass Fehlgeburten, die nicht bestattet werden, ebenso wie Körper- oder Leichenteile, unverzüglich hygienisch einwandfrei und dem sittlichen Empfinden entsprechend beseitigt werden. (vgl. Gaedke/Diefenbach 2000, 113) In der Praxis erfolgt in diesen Fällen meistens eine Verbrennung in einem Krematorium.

Die derzeitige juristische Definition von Tot- und Fehlgeburt beeinflusst die Rechte und Pflichten der betroffenen Eltern in verschiedenen Lebensbereichen. In den folgenden Kapiteln soll auf diese Aspekte eingegangen werden.

Die Bestattung fehl- und totgeborener Kinder

„Der Bereich Bestattungsrecht/Leichenwesen ist Ländersache, d.h. jedes Bundesland hat seine eigenen Bestimmungen, die z.T. erheblich voneinander abweichen. Allen Bestattungsgesetzen gemeinsam ist die **Bestattungspflicht** für menschliche Leichen."

(Internet 12) Als ‚menschliche Leichen' gelten, wie bereits angesprochen, zum einen verstorbene Kinder, die lebend geboren wurden. Hier spielt das Körpergewicht des Babys keine Rolle. Zum anderen fallen Totgeburten (also Kinder mit mindestens 500 Gramm Gewicht) unter diese Definition. Für Fehlgeburten, d.h. totgeborene Kinder unter 500 Gramm, besteht keine Bestattungspflicht. Nach neuerer Auslegung bestehen-der Gesetze spricht man heute jedoch von einem **Bestattungsanspruch** der Eltern. Der Jurist Stephan Rixen spricht in diesem Zusammenhang von einem ‚Rechtsproblem' und weist damit auf die unklare bestehende Gesetzeslage hin. Denn nicht selten wird den Eltern eines vorgeburtlich verstorbenen Kindes die Bestattung auf dem gemeindlichen Friedhof mit eben der Begründung verwehrt, eine Bestattung sei nur zulässig, wenn das Kind über 500 Gramm wiegt oder mindestens 35 cm groß ist.

„Träfe diese Rechtsauffassung zu, dann wäre eine sachlich nicht nachvollziehbare Ungleichbehandlung die Folge" (Rixen 1994, 417). Denn auf Grund des medizinischen Standards werden zahlreiche extrem frühe, aber durchaus überlebensfähige Frühge-borene mit einem Gewicht von unter 500 Gramm lebendgeboren. Wird ein solches

Frühgeborenes lebend geboren und verstirbt es unmittelbar nach der Geburt „dann darf, ja muss es nach der insoweit eindeutigen Rechtslage von den Eltern bestattet werden, denn jede Lebendgeburt (vgl. § 29 I PStG) ist, sobald es verstirbt, unabhängig von ihrem Gewicht oder ihrer Größe beizusetzen" (Rixen 1994, 417). Den Eltern eines tot-geborenen Kindes unter 500 Gramm wäre jedoch die Bestattung verwehrt, obwohl das Fehlgeborene vor seinem intrauterinen Tod als Ungeborenes länger gelebt hat als das unmittelbar nach der Lebendgeburt verstorbene Kind. (vgl. Rixen 1994, 417)

Eine „rechtspolitische Lücke" (Engisch zitiert nach Rixen 1994, 417) bestünde jedoch nur dann, wenn feststehen würde, dass den Eltern nach geltendem Recht die Bestattung Fehlgeborener tatsächlich verwehrt ist.

Die neuere Auslegung der bestattungsrechtlich maßgeblichen Gesetzesvorschriften ergibt aber, dass die Eltern eines totgeborenen Babys, das weniger als 500 Gramm wiegt, „Träger eines subjektiv-öffentlichen Rechtes sind, kraft dessen sie die Beisetzung des Fehlgeborenen auf dem kommunalen Friedhof verlangen dürfen **(Bestattungsanspruch)**" (Rixen 19994, 417). Denn ein elterlicher Bestattungsanspruch lässt sich gewinnen, wenn man das Begehren der Eltern, ihr

Fehlgeborenes zu bestatten, systematisch in den Anwendungsbereich des (kommunalrechtlichen) Nutzungsanspruchs der Einwohner einordnet.

Dieser Nutzungsanspruch berechtigt alle Gemeindeeinwohner zu deren Lebzeiten, die öffentlichen Einrichtungen einer Gemeinde zu nutzen. Darunter fällt auch die Nutzung des kommunalen Friedhofs. Da der Verstorbene jedoch diesen Anspruch selbst nicht mehr geltend machen kann, sind die Angehörigen dazu berechtigt, die Bestattung ihres Verstorbenen auf dem gemeindlichen Friedhof durchführen zu lassen. „Wenn sich nun das Fehlgeborene als ‚Einwohner' (...) qualifizieren lässt und folglich friedhofsnutzungsberechtig ist, dann wären auch die Eltern des Fehlgeborenen als dessen Angehörige Träger eines Bestattungsanspruchs" (Rixen 1994, 419).

Rixen weist in seinen Ausführungen darauf hin, dass in der bestattungsrechtlichen Literatur die Frage bislang noch nicht behandelt worden ist, ob auch ein nicht-lebendgeborener Mensch kommunalrechtlich ‚Einwohner' der Gemeinde ist und damit einen Friedhofsnutzungsanspruch besitzt. „Zu bedenken ist aber, dass ‚Einwohner' jeder lebende Mensch ist, der – unabhängig von Alter, Willens- oder Geschäftsfähigkeit – in der Gemeinde ‚wohnt'" (Rixen 1994, 419). Und auch das fehlgeborene Kind ist, bevor es intrauterin verstirbt, in Anbetracht der Wertung des Art. 2 Abs. 2, Satz 1 GG in Verbindung mit Art. 1 Abs. 1 GG, ein lebender Mensch. Denn es hat in der Zeit vor seinem intrauterinen Tod als ungeborenes, menschliches Individuum gelebt, und zwar in einer Lebens- oder ‚Hausgemeinschaft' mit der Mutter.

Vermittelt über die Mutter ‚wohnt' daher der ungeborene Mensch, ebenso wie der lebend neugeborene Mensch, in der Gemeinde und ist daher im kommunalrechtlichen Sinn Einwohner und somit friedhofsnutzungsberechtigt. (vgl. Rixen 1994, 420)

Darüber hinaus wird in der juristischen Fachliteratur darauf hingewiesen, dass Eltern auch nach dem Grundgesetz (GG) einen Anspruch darauf haben, ihr fehlgeborenes Kind zu bestatten. Denn nach Art. 6 Abs. 2, Satz 1 (Elternrecht) in Verbindung mit Art. 2 Abs. 1 GG fällt unter die Totenfürsorge der Eltern, nach heutiger Rechtsauffassung, auch der Schutz der postmortalen Menschenwürde des toten Fötus. Daraus lässt sich ableiten, dass die Eltern zumindest auf Antrag, im Wege einer Ausnahmegenehmigung, eine Bestattung auf dem kommunalen Friedhof vornehmen lassen können. (vgl. Müller-Hannemann 2002,

141)
Wie eingangs schon erwähnt, ist der Bereich Bestattungsrecht Ländersache. Daraus ergibt sich, dass die Länder (und erst in den von ihnen gezogenen Rechtskreisen die Gemeinden, gemäß Art. 70 Grundgesetz) eigenständig regeln, wer auf kommunalen Fried-höfen bestattet werden darf. Demzufolge bestehen in der Bundesrepublik Deutschland 16 unterschiedliche Bestattungsgesetze. In den zwei zuletzt erlassenen Bestattungs-gesetzen der Bundesländer Bremen und Hamburg wurde auf den in der Mitte der achtziger Jahre verstärkt geäußerten Elternwunsch, die fehlgeborenen Kinder zu bestatten, reagiert.

Dem gegenüber stehen die Gesetze der anderen Bundesländer, die in den sechziger und siebziger Jahren entstanden. Sie enthalten entweder gar keine Vorschrift zu Fehlgeburten-Bestattung oder führen die 500-Gramm-Grenze (in manchen Fällen sogar noch die 1000-Gramm-Grenze) auf, was in der Praxis zu Missverständnissen geführt hat. (vgl. Rixen 1994, 418)

In den sich anschließenden Kapiteln soll die Rechtslage verschiedener Bundesländer dargestellt werden, bezüglich der Bestattung totgeborener Kinder unter 500 Gramm Gewicht. Zum einen wird auf die Bestattungsgesetze derjenigen Länder eingegangen, die eine eindeutige Regelung bei der Bestattung Fehlgeborener besitzen. Zum anderen soll exemplarisch auf die Rechtslage der Bundesländer Bayern und Baden-Württemberg eingegangen werden, da die GesprächspartnerInnen, die für die Experteninterviews (vgl. Kap. 10.1) gewonnen werden konnten, zum größten Teil in diesen beiden Bundesländern tätig sind.

Länder mit eindeutigen Regelungen

In Bremen und Hamburg dürfen Eltern ein totgeborenes Kind mit einem Gewicht von unter 500 Gramm auf Grund von eindeutigen gesetzlichen Vorgaben bestatten.

§ 17 Abs. 3, Satz 1 des am 1.1.1993 in Kraft getretenen bremischen Gesetzes über das Leichenwesen lautet: „Auf Wunsch eines Elternteils werden Fehlgeborene bestattet, wenn eine ärztliche Bescheinigung (...) darüber vorliegt, dass es sich um eine Fehlgeburt handelt, dass die Fehlgeburt nicht innerhalb von zwölf Wochen nach der Empfängnis erfolgte und dass mit Ausnahme der Fälle des § 218a I und II Nr. 1 StGB [Schwangerschaftsabbruch] keine Anhaltspunkte für ein nichtnatürliches Geschehen bestehen" (Rixen 1994, 418).

In § 12 Abs. 1, Satz 2 des hamburgischen Bestattungsgesetzes wurde festgesetzt, dass die Erd- und Feuerbestattung einer Fehlgeburt zulässig ist, wenn eine ärztliche Bescheinigung darüber vorliegt, dass keine Anhaltspunkte für ein nichtnatürliches Geschehen besteht. (vgl. Rixen 1994, 418)

Durch die 12-Wochen-Frist des Landes Bremen soll gewährleistet werden, dass zumindest auf Seiten eines Elternteils eine Beziehung zum fehlgeborenen Kind entstanden ist. „Allerdings kann in Einzelfällen auch schon vor Ablauf der 12. Schwanger-schaftswoche eine Beziehung zum Kind entstanden sein, etwa bei Frauen, deren Kinderwunsch nach mehreren Aborten sehr stark ist. Die Bestattbarkeit des Frühabortes, also

der bis zum Ende der 12. SSW totgeborenen Leibesfrucht, auszuschließen, überzeugt in der Sache daher nicht" (Rixen 1994, 418).

Hamburg hingegen hat auf das Tatbestandsmerkmal der 12-Wochen-Frist verzichtet.

Länder mit missverständlichen Regelungen
Baden-Württemberg

In § 30 Abs. 2 des baden-württembergischen Bestattungsgesetzes (BestG) heißt es: „Fehlgeborene, die nicht bestattet werden (...) sind hygienisch einwandfrei und dem sittlichen Empfinden entsprechend zu beseitigen" (Deinert 2002, 230).

Nach ihrem Wortlaut ließe sich die Vorschrift

folgendermaßen interpretieren:

Legt man die Betonung jedoch an einer anderen Stelle, ergibt sich ein neuer Sachverhalt: „Fehlgeburten, die nicht bestattet werden...", dann ergibt sich im Umkehrschluss, dass Fehlgeburten, die bestatten werden, nicht mehr anderweitig zu beseitigen sind. Dies würde allerdings voraussetzen, dass Fehlgeburten überhaupt bestattet werden dürfen.

Die zweite Variante der Auslegung des Wortlauts wird bestätigt in der Entstehungsgeschichte des baden-württembergischen Bestattungsgesetzes. In einer amtlichen Begründung des Landtags zum späteren § 30 BestG liest man nämlich, dass Fehlgeburten bestattet werden können, sie müssen es aber nicht. Demnach steht betroffenen Eltern im Bundesland Baden-Württemberg die Freiheit zu, ihr vor der Geburt verstorbenes Kind beerdigen zu lassen. (vgl. Rixen 1994, 421ff; Deinert 2002, 230)

Bayern

Die Ausführungen des bayerischen Bestattungsgesetzes sind demgegenüber eindeutiger geregelt. Hier ist in Art. 6 Abs. 1, Satz 2 BestG zu lesen:

„Eine totgeborene oder während der Geburt verstorbene Leibesfrucht mit einem Gewicht unter 500 Gramm (Fehlgeburt) kann bestattet werden" (Klingshirn 2001, 5).

Das heißt, dass die Fehlgeburt bestattet werden kann, sofern derjenige, der im Falle einer Lebendgeburt das Personensorgerecht innegehabt hätte, dies wünscht.

„Fehlgeburten, die nicht bestattet werden..." = „Fehlgeburten, die nicht bestattet werden dürfen..."

Während vor dem 10.8.1994 die Bestattung fehlgeborener Kinder nicht in Betracht kam, wurde mit dem Änderungsgesetz diese Möglichkeit ausdrücklich eingeräumt.

Fehlgeburten, die nicht bestattet werden, sind nach Art. 6 BestG Abs. 3 unverzüglich und in gesundheitlich unbedenklicher Weise zu beseitigen. (vgl. Klingshirn 2001, 4ff)

Die Führung des Familien- und Geburtenbuchs

Das Familienbuch

Grundsätzlich ist im juristischen Sprachgebrauch zu unterscheiden zwischen dem ‚Familienbuch' und dem ‚Stammbuch'. Das Stammbuch wird privat geführt. Es besteht keine Pflicht zur Führung eines solchen Buches.

Bei dem Familienbuch handelt es sich um ein standesamtlich geführtes Dokument, in dem die Daten über die Eheschließung aufgenommen werden, wie z.B. die

Geburtsnamen der Ehegatten und die personenbezogenen Daten der Eltern des Ehepaares. Außerdem werden in das Familienbuch die Geburtsdaten der Kinder bzw. des Kindes eingetragen.

Nach § 15 PStG können die Ehegatten auf Wunsch ihr totgeborenes Kind mit dem Vornamen und dem Vermerk, dass es totgeboren wurde, eintragen lassen. Da der § 29 PStG definiert, dass ein vor der Geburt verstorbenes Baby mindestens 500 Gramm Gewicht haben muss, um rechtlich als Totgeburt zu zählen, können fehlgeborene Kinder unter 500 Gramm nicht eingetragen werden.

Das Geburtenbuch

Ein weiteres, standesamtlich geführtes Personenstandsbuch ist das Geburtenbuch.

Auch totgeborene Kinder werden nach § 21 Abs. 2 PStG in das Geburtenbuch eingetragen, allerdings ohne Vornamen des Kindes und mit dem Vermerk, dass das Kind tot geboren wurde. Nur auf Wunsch einer Person, der bei einer Lebendgeburt die Personen-sorge zugestanden hätte, kann der Vorname des verstorbenen Babys in das Geburtenbuch mit aufgenommen werden.

Ansonsten wird nach § 21 PStG unter anderem nur der Vor- und Familienname der Eltern, ihr Beruf und Wohnort sowie das Geschlecht des

Kindes eingetragen.

Die Eintragung im Sterbebuch unterbleibt, weil bereits im Geburtenbuch der Vermerk über den Tod des Kindes aufgenommen wurde. (vgl. Schmitz/Bornhofen 2002, 15ff) Für eine Fehlgeburt ist keine Beurkundung vorgesehen und die Eltern erhalten somit vom Standesamt keine Dokumente über die Geburt ihres Kindes. (vgl. Internet 10)

Bis zum 30.06.1998 war, durch das Personenstandsgesetz, die Sachlage zur Eintragung in das Geburtenbuch anders geregelt: Der damalige § 24 PStG sah vor, dass bei einer Totgeburt lediglich eine Eintragung in das Sterbebuch vorgenommen wird, und zwar ohne Angabe des Vornamens. Seit dem 01.07.1998 wurde der § 24 PStG aufgehoben und in § 21 PStG ein zusätzlicher Absatz 2 eingefügt, der den Eltern die Möglichkeit bietet, auf Wunsch auch den Namen des Kindes in das Geburtenbuch mit eintragen zu lassen. (vgl. Internet 14)

Nachträglich können Eltern, deren totgeborenes Kind vor dem 01.07.1998 zur Welt kam, auf **Antrag bis zum 30.06.2003** den Vornamen des Kindes nachträglich eintragen lassen. Allerdings wird dieser nur durch einen Zusatz im Sterbebuch aufgenommen. (vgl. Deinert 2002, 147)

Regelungen zum Mutterschutz

Das Mutterschutzgesetz (MuSchG) gilt für alle Frauen, die in einem Arbeitsverhältnis stehen. Es gilt demnach **nicht** für Hausfrauen und Selbständige. „Es gilt auch für Teilzeitbeschäftigte, Hausangestellte und Heimarbeiterinnen und für Frauen, die sich noch in der beruflichen Ausbildung befinden, wenn das Ausbildungsverhältnis auf einem Arbeitsvertrag beruht" (Broschüre 2, 7).

Auch auf Frauen in sozialversicherungsfreien Arbeitsverhältnissen, sog. geringfügig Beschäftigte, findet das Mutterschutzgesetz grundsätzlich Anwendung.

Weder die Staatsangehörigkeit der Frau noch der Familienstand spielen eine Rolle. Entscheidend ist, dass die werdende Mutter ihren Arbeitsplatz in der Bundesrepublik Deutschland hat. (vgl. Broschüre 2, 7)

Allgemeine Schutzfristen vor und nach der Entbindung

Nach § 3 Abs. 2 MuSchG dürfen werdende Mütter in den letzten sechs Wochen vor der Entbindung nicht beschäftigt werden, es sei denn, dass die Schwangere sich ausdrücklich dazu bereit erklärt. Diese Erklärung kann sie jederzeit widerrufen.

Nach der Entbindung hat die Mutter, gemäß § 6 Abs. 1 MuSchG, im Normalfall eine achtwöchige Schutzfrist. Bei Früh- und Mehrlingsgeburten verlängert sich die Zeit auf zwölf Wochen nach der Entbindung. Während der Schutzfrist nach der Entbindung besteht ein <u>absolutes Beschäftigungsverbot</u>. In dieser Zeit dürfen Frauen auch dann nicht beschäftigt werden, wenn sie dazu bereit wären. (vgl. Broschüre 2, 21 ff)

Schutzfristen bei Tot- und Fehlgeburten

Da es sich bei einer Totgeburt auch um eine Entbindung im Sinne des § 6 MuSchG handelt, stehen solchen Müttern die gleichen Schutzfristen zu wie Müttern, deren Kinder lebend zu Welt gekommen sind.

Im Falle einer Totgeburt kann die Arbeitnehmerin allerdings auf ihr ausdrückliches Verlangen hin schon vor Ablauf ihrer Schutzfrist beschäftigt werden. Voraussetzung ist, dass nach ärztlichem Zeugnis nichts dagegen spricht. Auch diese Erklärung kann von der Mutter jederzeit widerrufen werden.

Im rechtlichen Sinne ist eine Fehlgeburt keine

Entbindung. Sie löst deshalb keine mutterschutzrechtlichen Folgen aus. D.h. für die Frau gelten die Schutzfristen nach der Entbindung nicht, sie scheidet aus dem Geltungsbereich des Mutterschutzgesetzes ganz aus.

Frauen, deren vor der Geburt verstorbene Kinder unter 500 Gramm wiegen, können sich arbeitsunfähig krankschreiben lassen, so gelten statt der Grundsätze des Mutterschutzgesetzes die Regelungen über Lohnfortzahlung im Krankheitsfall. (vgl. Broschüre 2, 21ff; Internet 3)
Quelle:http://home.arcor.de/jessiw/3_rechtliche_situation.pdf

Vergiss die Träume nicht,
wenn die Nacht
wieder über dich hereinbricht
und die Dunkelheit dich wieder
gefangen zu nehmen droht.
Noch ist nicht alles verloren.
Deine Träume und Sehnsüchte
tragen Bilder der Hoffnung in sich.
Deine Seele weiß,
dass in der Tiefe
Heilung schlummert
und bald in dir
ein neuer Tag erwacht.

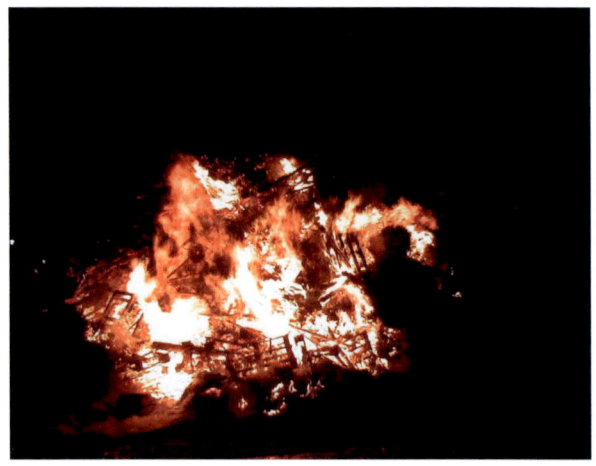

Mondnacht
Es war, als hätt´ der Himmel
Die Erde still geküßt,
Daß sie im Blüten-Schimmer
Von ihm nun träumen müßt'.
Die Luft ging durch die Felder,
Die Ähren wogten sacht,
Es rauschten leis die Wälder,
So sternklar war die Nacht.
Und meine Seele spannte
Weit ihre Flügel aus,
Flog durch die stillen Lande,

Als flöge sie nach Haus.
Joseph Freiherr von Eichendorff

Steht nicht weinend an meinem Grab
Ich bin nicht dort unten, ich schlafe
nicht.
Ich bin tausend Winde, die weh´n,
ich bin das Glitzern der Sonne im
Schnee,
ich bin das Sonnenlicht auf reifem
Korn,
ich bin der sanfte Regen im Herbst,
ich bin in der Morgenröte der kleine
Vogel der zum Himmel
aufsteigt,
ich bin das sanfte Sternlicht in der

Nacht.
Steht nicht weinend an meinem Grab,
ich bin nicht dort unten, ich schlafe
nicht.

American Indian

Flieg so langsam du kannst
Süßer Engel
Und lass mich niemals allein
An diesem Ort ohne Wärme
Der so kalt ist wie Stein
Und zeigt der Herbst seine Pracht

Lass mich bitte nicht Bangen
Wenn der Regen fällt
Küss meine Wangen

Flieg so langsam du kannst
Süßer Engel
Und dann hör ich das Lied
Dass die Schatten vergisst
Dass mein Leid besiegt
Hüll mich ein in warme Sonnenstrahlen
Und küss meine Tränen
Ja eins das ist gewiss
Mein Kind
Ich werd mich ewig nach dir Sehnen

Und sobald das Licht im Meer versinkt
Dann warte du auf mich
Und führe mich sicher Heimwärts
In die Welt voller Wärme
In die Welt voller Licht
Entfalte die Flügel
Die dir vom Himmel verliehen
Reich mir deine Hand
Damit wir gemeinsam entfliehen
Von diesem Ort voller Tränen
von diesem Ort voller Leid
Reise nie mehr allein
Wir reisen zu zweit.

Still, seid leise,
es waren Engel auf der Reise.
Sie wollten ganz kurz bei euch sein,
warum sie gingen, weiß Gott allein.
Sie kamen von Gott,
dort sind sie wieder,
wollten nicht auf unsere Erde nieder.
Ein Hauch nur bleibt von ihnen zurück,
in euren Herzen ein großes Stück.
Sie werden jetzt immer bei euch sein,
vergesst nie, sie waren noch so klein.
Geht nun ein Wind, an mildem Tag,
so denkt, es war ihr Flügelschlag.

Und wenn ihr fragt,
wo mögen sie sein ?
Ein Engel ist niemals allein.
Sie können jetzt alle Farben sehen
und barfuß durch die Wolken gehen.
Vielleicht lassen sie sich hin und wieder
bei den Engelskindern nieder.
Und wenn ihr sie auch sehr vermisst
und weint,
weil sie nicht bei euch sind,
so denkt, im Himmel,
wo es sie nun gibt,
erzählen sie stolz:
Wir werden geliebt !

(Verfasser unbekannt)

Wenn du jemals ein Kind verlierst

Wenn du jemals ein Kind verlierst,
wie es mir geschehen ist,
dann wirst du die andere Seite der Wahrheit
kennen.
Du wirst verstehen, was es bedeutet, vernichtet
zu sein und doch jeden Tag aufzustehen
und den Kessel mit Wasser zu füllen.
Du wirst den Dampf aus dem Kessel steigen
sehen und weinen.
Du wirst behaupten, es sei alles in Ordnung.
Du hast ein Staubkorn ins Auge bekommen.
Das ist alles.
Auf der Straße werden Tränen auf den
Gehsteig tropfen und deine Schuhe füllen.
Sag, die Sonne schiene dir in die Augen.
Wenn du deine Trauer zeigst, vergeht sie nicht.
Wenn du sie verbirgst, vergeht sie nicht.
Sie ist für immer und ewig bei dir,
aber es gibt vielleicht eine Stunde,
in der du dich nicht erinnerst.
Einen Abend, an dem der Himmel blau wie
Tinte ist.
Einen Nachmittag, an dem deine Tochter
hinter einer Grille herläuft, die sie niemals
fangen wird.
Flüstere den Namen deines Babys.
Dann sei still!

(Verfasser unbekannt)